1 Teig – 50 Kuchen

backen nach Lust und Laune

> Autorin: Gina Greifenstein | Fotos: Michael Brauner

Inhalt

Die Theorie

➤ **4 Das Grundrezept für alle Kuchen**
  5 Das »Handwerkszeug« –
     Küchengeräte und Backformen

Die Rezepte

  6 Mit Schoko, Nuss und Co. –
     Lieblingskuchen für groß und klein
14 Von Apfel bis Zwetschge –
     mal obendrauf, mal mittendrin
22 Blechkuchen-Variationen –
     für den großen Kuchenhunger
32 Kuchenböden mit Pfiff –
     und immer wieder anders belegt
44 Vom Rührkuchen zur Torte –
     fein gemacht nicht nur für Sonntags

Extra

- **58 Aber bitte mit Sahne!**
- 60 Register
- 62 Impressum
- **64 Die 10 GU-Erfolgstipps mit der Geling-Garantie für perfekte Kuchen**

> GU Serviceseiten

Vorwort

Mürbeteig, Rührteig, Hefeteig, Quark-Öl-Teig, Biskuitteig – für jeden Kuchen braucht man einen anderen Teig. Wie schön wäre es, wenn es für die verschiedensten Kuchen- und Tortenvariationen ein und denselben Grundteig gäbe, aus Zutaten, die man immer im Haus hat, der ruckzuck zubereitet ist, immer gelingt, und dessen Grundrezept man schon nach dem dritten Backen auswendig kann.
Diesen Teig gibt es!
Hier werden ganze 50 Kuchenvariationen damit vorgestellt – und schon nach kurzem werden Sie diese bestimmt durch eigene Kreationen mit unserem Grundteig ergänzen können.

Theorie
GRUNDREZEPT

Grundrezept

Die Zutaten

Als Öl eignen sich alle geschmacksneutralen Sorten. Wegen der hohen Backtemperaturen jedoch nur raffinierte Öle (keine kaltgepressten) verwenden. Als Flüssigkeit sind Säfte, Milch und Milchprodukte, Kaffee oder Wein möglich. Die Zugabe von Zutaten zur Geschmacksgebung und Verfeinerung, z. B. Gewürze, Kakaopulver, Schokolade und Nüsse, wird bei den einzelnen Rezepten beschrieben.

Grundteig

FÜR 1 SPRINGFORM VON 28 CM Ø, 1 KASTENFORM VON 30 CM LÄNGE ODER 1 OBSTKUCHENBLECH VON 39 X 27 CM

➤ 4 Eier (Größe M)
  250 g Zucker
  200 ml Öl
  200 ml Flüssigkeit
  300 g Mehl (Type 405)
  1 Päckchen Backpulver

HINWEISE

Formen bzw. Bleche gut einfetten und mit Semmelbröseln ausstreuen. Bei Springformen nur den Boden fetten und bröseln, damit der Teig gut »klettern« kann.

Die Formen nie zu mehr als zwei Drittel füllen, da sich der Teig beim Backen ausdehnt.

»Im Ofen unten« bedeutet bei Backöfen mit mehr als drei Einschubmöglichkeiten »zweite Schiene von unten«.

➤ **1** Den Backofen auf 200° vorheizen. Alle Zutaten genau nach den Rezeptangaben abmessen und griffbereit an den Arbeitsplatz stellen.

➤ **2** Die Eier mit dem Zucker in 2–3 Min. in einer Rührschüssel dick-cremig schlagen. Das Öl und die Flüssigkeit unter Rühren zur Eier-Zucker-Creme geben.

➤ **3** Mehl und Backpulver mischen, rasch unterrühren. Den Teig in die vorbereitete Form füllen (s. Tipps) und im Ofen (unten, Umluft 180°) 25 Min. auf dem Blech bzw. 45 Min. in tiefen Formen backen. Stäbchenprobe (S. 65) machen!

Theorie
KÜCHENGERÄTE UND BACKFORMEN

Das Handwerkszeug

Für den Teig: Küchenwaage und Messbecher mit Milliliter-Einteilung braucht man zum genauen Abmessen der Zutaten. Mit dem elektrischen Handrührgerät kann der Teig mühelos gerührt werden. Und um den Teig möglichst restlos aus der Schüssel herauszubekommen, am besten einen Teigschaber nehmen.

Zum Backen: Schwarzblechformen eignen sich gut für Elektroherde, weil sie die Hitze gut an den Inhalt weitergeben und dadurch der Kuchen gut bräunt. In diesem Buch werden in dieser Ausführung eine Springform sowie eine Kranzform von jeweils 28 cm Ø verwendet.

Zum Backen: Auch Weißblech- und Aluformen sind sehr gute Wärmeleiter. Sie brauchen aber mehr Hitze als Schwarzblechformen und sind deshalb besonders gut für Gasherde geeignet.

Zum Backen: Beschichtete Kuchenformen sind besonders praktisch, weil sich aus ihnen der fertige Kuchen sehr gut herauslösen lässt und sie zudem gut zu reinigen sind.
In diesem Buch werden in dieser Ausführung eine Gugelhupf- bzw. Napfkuchenform von 23 cm Ø sowie eine Kastenform von 30 cm Länge verwendet.

Zum Backen: Obstkuchenbleche haben einen extra hohen Rand. Sie eignen sich gut für alle Arten von Blechkuchen. Alternativ kann man auch das tiefe Blech des Backofens verwenden.
In diesem Buch werden ein Obstkuchenblech von 39 x 27 cm sowie ein tiefes Backblech von 42 x 36 cm verwendet.

Zum Fertigstellen: Den Tortenring, einen verstellbaren Ring aus Metall oder Kunststoff, der um Kuchenböden gestellt wird, benötigt man für alle Kuchen, die einen flüssigen Belag bekommen sollen. Spritzbeutel und Sterntülle sind ein Muss, wenn Torten und Kuchen verziert werden sollen. Mit etwas Übung sieht es dann wie vom Konditor aus!

Mit Schoko, Nuss und Co.

Damit kommen auch Backanfänger gut klar: Diese Kuchen sind kinderleicht und zudem superschnell gerührt! Ihren feinen Geschmack erhalten Sie unter anderem durch die Zugabe von Nüssen, Mandeln, Schokolade, Mohn, Zitrusaromen, Wein und Gewürzen.

7	Nusskuchen	11	Marmorkuchen
7	Schokokuchen	11	Kaffeekranz
8	Trio	12	Rotweinkuchen
8	Möhrenkuchen	12	Spekulatiuskuchen
11	Zitronenkuchen		

Rezepte
MIT SCHOKO, NUSS UND CO.

Blitzrezepte

Nusskuchen

FÜR 1 KRANZFORM (20 STÜCK)

➤ 4 Eier | 250 g Zucker | 200 ml Öl
200 ml Milch | 200 g gem. Haselnüsse
300 g Mehl | 1 Päckchen Backpulver
200 g Nussguss | 20 Haselnusskerne

1 | Den Ofen auf 200° vorheizen. Eier mit Zucker dick-cremig schlagen. Öl und Milch zugeben. Gemahlene Nüsse und Mehl mit Backpulver rasch unterrühren.

2 | Teig in die vorbereitete Form füllen, im Ofen (unten, Umluft 180°) 40–45 Min. backen. Den abgekühlten Kuchen mit dem geschmolzenen Nussguss bestreichen, mit den ganzen Haselnüssen verzieren.

Schokokuchen

FÜR 1 KASTENFORM (15 STÜCK)

➤ 4 Eier | 250 g Zucker | 200 ml Öl
200 ml Orangensaft | 300 g Mehl
1 Päckchen Backpulver | 3 EL Kakaopulver | 200 g Zartbitterkuvertüre

1 | Den Ofen auf 200° vorheizen. Eier mit Zucker dick-cremig schlagen. Öl und Saft zugeben. Mehl mit Backpulver und Kakao rasch unterrühren.

2 | Teig in die vorbereitete Form füllen, im Ofen (unten, Umluft 180°) 40–45 Min. backen und abkühlen lassen. Den Kuchen mit der geschmolzenen Zartbitterkuvertüre bestreichen.

Rezepte
MIT SCHOKO, NUSS UND CO.

Klassiker auf neue Art
Trio

FÜR 1 GUGELHUPFFORM

- 4 Eier
  250 g Zucker
  200 ml Öl
  200 ml Orangensaft
  300 g Mehl
  1 Päckchen Backpulver
  2 EL Kakaopulver
  60 g gem. Haselnüsse
  Puderzucker zum Bestäuben

- Zubereitung: 20 Min.
- Backzeit: 60 Min.
- Bei 16 Stück pro Stück ca.: 240 kcal

1 | Den Backofen auf 200° vorheizen.

2 | Eier mit Zucker dickcremig schlagen. Öl und Saft zugeben. Mehl mit Backpulver rasch unterrühren. Ein Drittel des Teiges in die vorbereitete Form füllen.

3 | Den verbliebenen Teig halbieren. In die eine Hälfte Kakao einrühren und an der Außenseite der Backform einlaufen lassen.

4 | Unter das letzte Teigdrittel die gemahlenen Haselnüsse mischen. Diesen Teig vorsichtig rundum an der Innenseite der Gugelhupfform einlaufen lassen.

5 | Den Kuchen im heißen Ofen (unten, Umluft 180°) 50–60 Min. backen, abkühlen lassen und mit Puderzucker bestäubt servieren.

saftig | zum Mitnehmen
Möhrenkuchen

FÜR 1 KASTENFORM

- 125 g Möhren
  4 Eier
  250 g Zucker
  200 ml Öl
  200 ml Möhrensaft
  200 g gem. Haselnüsse
  300 g Mehl
  1 Päckchen Backpulver
- Für Guss und Garnitur:
  100 g Puderzucker
  Saft von 1/2 Zitrone
  6 Marzipanmöhren

- Zubereitung: 25 Min.
- Backzeit: 50 Min.
- Bei 15 Stück pro Stück ca.: 340 kcal

1 | Den Ofen auf 200° vorheizen. Möhren putzen, schälen und fein raspeln.

2 | Eier mit Zucker dickcremig schlagen. Öl und Saft zugeben. Geraspelte Möhren und Nüsse sowie das Mehl mit dem Backpulver rasch unterrühren.

3 | Den Teig in die vorbereitete Form füllen, im Ofen (unten, Umluft 180°) 50 Min. backen und abkühlen lassen.

4 | Den Puderzucker sieben, den Zitronensaft tropfenweise unterrühren, bis ein glatter, dicklicher Guss entstanden ist. Den Kuchen damit bestreichen, die Marzipanmöhren darauf verteilen und den Guss trocknen lassen.

TIPP: Dieser Kuchen bleibt in Folie verpackt lange frisch und saftig!

Im Bild vorne: **Möhrenkuchen**   im Bild hinten: **Trio**

Rezepte
MIT SCHOKO, NUSS UND CO.

---

schnell | preiswert

Zitronenkuchen

FÜR 1 GUGELHUPFFORM

➤ 2 unbeh. Zitronen | 4 Eier
250 g Zucker | 200 ml Öl
200 ml Orangensaft | 300 g
Mehl | 1 Päckchen Back-
pulver | 100 g Puderzucker
Saft von 1/2 Zitrone

🕐 Zubereitung: 25 Min.
🕐 Backzeit: 55 Min.
➤ Bei 16 Stück pro Stück
ca.: 235 kcal

1 | Ofen auf 200° vorheizen.
Schale von einer Zitrone fein
abreiben bzw. grob abraspeln,
Zitronen auspressen. Eier mit
Zucker dick-cremig schlagen.
Öl, Zitronen- und Orangensaft
zugeben. Abgeriebene Zitro-
nenschale, Mehl und Backpulver
rasch unterrühren. Teig in die
vorbereitete Form füllen, im
Ofen (unten, Umluft 180°)
50–55 Min. backen.

2 | Puderzucker sieben,
mit Zitronensaft zu einem
glatten Guss rühren. Den
Kuchen damit bestreichen,
mit den Zitronenraspeln
bestreuen.

Klassiker auf neue Art

Marmorkuchen

FÜR 1 GUGELHUPFFORM

➤ 4 Eier | 250 g Zucker
200 ml Öl | 200 ml Oran-
gensaft | 300 g Mehl
1 Päckchen Backpulver
100 g gem. Mohn | 50 g
Rosinen | 1 TL Zimtpulver
150 g Puderzucker | 4 EL
Rum (oder Orangensaft)

🕐 Zubereitung: 30 Min.
🕐 Backzeit: 60 Min.
➤ Bei 16 Stück pro Stück
ca.: 290 kcal

1 | Ofen auf 200° vorheizen.
Eier mit Zucker dick-cremig
schlagen. Öl und Saft, dann
Mehl mit Backpulver unter-
rühren. Die Hälfte des Teiges
in die vorbereitete Form fül-
len. Unter den übrigen Teig
Mohn, Rosinen und 1/2 TL
Zimt mischen, am Rand der
Form einlaufen lassen. Den
Kuchen im Ofen (unten, Um-
luft 180°) 50–60 Min. backen.

2 | Puderzucker und übrigen
Zimt mit dem Rum zu einem
Guss rühren. Den kalten
Kuchen damit überziehen.

---

gelingt leicht | für Gäste

Kaffeekranz

FÜR 1 KRANZFORM

➤ 4 Eier | 250 g Zucker
200 ml Öl | 240 ml kalter
Espresso | 100 g gehackte
Mandeln | 50 g Schoko-
raspel | 1 Prise gem. Karda-
mom | abgeriebene Schale
von 1 unbeh. Orange
300 g Mehl | 1 Päckchen
Backpulver | 150 g Puder-
zucker | Schokobohnen

🕐 Zubereitung: 25 Min.
🕐 Backzeit: 50 Min.
➤ Bei 20 Stück pro Stück
ca.: 245 kcal

1 | Ofen auf 200° vorheizen.
Eier mit Zucker dick-cremig
schlagen. Öl, 200 ml Espresso und alle Zutaten bis auf
Puderzucker und Schoko-
bohnen unterrühren. Teig in
die vorbereitete Form füllen,
im Ofen (unten, Umluft
180°) 50 Min. backen.

2 | Puderzucker sieben, mit
übrigem Espresso zu einem
glatten Guss rühren. Den
Kuchen damit überziehen,
mit Schokobohnen verzieren.

◀ *Im Bild vorne links:* **Kaffeekranz**   *vorne rechts:* **Marmorkuchen**   *hinten:* **Zitronenkuchen**

Rezepte
MIT SCHOKO, NUSS UND CO.

Klassiker | schnell
Rotweinkuchen

FÜR 1 GUGELHUPFFORM

➤ 4 Eier
 250 g Zucker
 200 ml Öl
 200 ml Rotwein
 100 g gem. Haselnüsse
 100 g Schokoraspel
 300 g Mehl
 1 Päckchen Backpulver
 1 EL Zimtpulver
 200 g Zartbitterkuvertüre

🕐 Zubereitung: 20 Min.
🕐 Backzeit: 60 Min.
➤ Bei 16 Stück pro Stück
 ca.: 355 kcal

1 | Den Ofen auf 200° vorheizen. Eier mit Zucker dick-cremig schlagen. Öl und Wein zugeben. Nüsse, Schokoraspel sowie Mehl mit Backpulver und Zimt rasch unterrühren.

2 | Den Teig in die vorbereitete Form füllen, im heißen Ofen (unten, Umluft 180°) 60 Min. backen.

3 | Kuvertüre im Wasserbad schmelzen, den abgekühlten Kuchen damit überziehen.

aromatisch
Spekulatius-kuchen

FÜR 1 SPRINGFORM

➤ 100 g Walnusskerne
 4 Eier
 250 g Zucker
 200 ml Öl
 200 ml Orangensaft
 50 g gehacktes Orangeat
 300 g Mehl
 1 Päckchen Backpulver
 2 EL Kakaopulver
 15 g Spekulatiusgewürz
➤ Für Guss und Verzierung:
 150 g Puderzucker
 1 Msp. Spekulatiusgewürz
 2 EL Rum (ersatzweise Orangensaft)
 ca. 32 halbe Walnusskerne
 2 EL gehacktes Orangeat

🕐 Zubereitung: 40 Min.
🕐 Backzeit: 45 Min.
➤ Bei 12 Stück pro Stück
 ca.: 450 kcal

1 | Den Ofen auf 200° vorheizen. Die Walnüsse für den Teig hacken. Eier mit Zucker dick-cremig schlagen. Öl und Saft zugeben, dann Walnüsse und Orangeat untermischen.

Mehl mit Backpulver, Kakao und Spekulatiusgewürz rasch unterrühren.

2 | Den Teig in die vorbereitete Form füllen, im heißen Ofen (unten, Umluft 180°) 40–45 Min. backen und abkühlen lassen.

3 | Den Puderzucker mit dem Spekulatiusgewürz sieben und tropfenweise den Rum unterrühren, bis ein glatter dicklicher Guss entstanden ist. Diesen auf dem Kuchen verteilen. Die Walnusshälften darauf setzen, den Kuchen mit Orangeat bestreuen und den Guss trocknen lassen.

TIPP Sieht toll aus: Die Walnusshälften vor dem Verzieren teilweise in geschmolzene Kuvertüre tauchen.

Im Bild vorne: **Spekulatiuskuchen** *im Bild hinten:* **Rotweinkuchen** ➤

Von Apfel bis Zwetschge

Ruckzuck gerührt und herrlich saftig, wahlweise mit frischen Früchten der Saison oder mit Früchten aus der Dose – diese Kuchen können sich nicht nur im Sommer sehen und schmecken lassen!

15	Johannisbeerkuchen	18	Brombeertarte
15	Bananenkuchen	18	Zwetschgen-Nuss-Kuchen
17	Mandarinenkuchen	21	Apfelkuchen
17	Rhabarber-Mohn-Kuchen	21	Gedeckter Birnenkuchen
18	Aprikosenkuchen		

Rezepte
VON APFEL BIS ZWETSCHGE

Blitzrezepte

Johannisbeerkuchen

FÜR 1 SPRINGFORM (12 STÜCK)

➤ 4 Eier | 250 g Zucker | 200 ml Öl | 200 ml Orangensaft | 300 g Mehl | 1 Päckchen Backpulver | 2 EL Kakaopulver | 400 g rote Johannisbeeren

1 | Den Ofen auf 200° vorheizen. Eier mit Zucker dick-cremig schlagen. Öl und Saft zugeben. Mehl mit Backpulver rasch unterrühren. Den Teig halbieren. In eine Hälfte den Kakao einrühren, diesen Teig in der vorbereiteten Form im Ofen (unten, Umluft 180°) 15 Min. vorbacken.

2 | Beeren unter den restlichen Teig heben, auf dem vorgebackenen Boden verteilen. Den Kuchen in 25 Min. fertig backen.

Bananenkuchen

FÜR 1 KRANZFORM (20 STÜCK)

➤ 200 g Bananen | 2 TL Zitronensaft | 4 Eier | 250 g Zucker | 200 ml Öl | 200 ml Bananensaft | 100 g gem. Haselnüsse | 1/2 TL Ingwerpulver | 300 g Mehl | 1 Päckchen Backpulver

1 | Den Ofen auf 200° vorheizen. Die Bananen schälen, zerdrücken und mit dem Zitronensaft vermischen.

2 | Eier mit Zucker dick-cremig schlagen. Öl und Saft zugeben. Bananenmus, Nüsse und Ingwer untermischen. Mehl mit Backpulver rasch unterrühren. Teig in die vorbereitete Form füllen und im Ofen (unten, Umluft 180°) 45–50 Min. backen.

Rezepte
VON APFEL BIS ZWETSCHGE

schnell | saftig
Mandarinen-kuchen

FÜR 1 KRANZFORM

- 1 Dose Mandarinen (175 g netto)
  50 ml Orangensaft
  4 Eier
  250 g Zucker
  200 ml Öl
  300 g Mehl
  1 Päckchen Backpulver
- Für Guss und Verzierung:
  200 g Puderzucker
  Saft von 1 Zitrone
  25 g gehackte Pistazien

⏱ Zubereitung: 20 Min.
⏱ Backzeit: 50 Min.
➤ Bei 20 Stück pro Stück ca.: 215 kcal

1 | Den Ofen auf 200° vorheizen. Mandarinen abtropfen lassen und den aufgefangenen Saft mit Orangensaft auf 200 ml auffüllen.

2 | Eier mit Zucker dickcremig schlagen. Öl und Saft zugeben. Mehl mit Backpulver rasch unterrühren. Den Teig in die vorbereitete Form füllen und im Ofen (unten, Umluft 180°) 5–10 Min. vorbacken. Die Mandarinen darauf verteilen, den Kuchen in 35–40 Min. fertig backen und abkühlen lassen.

3 | Den Puderzucker sieben, den Zitronensaft tropfenweise unterrühren, bis ein glatter, dicklicher Guss entstanden ist. Diesen auf dem Mandarinenkuchen verteilen und die gehackten Pistazien darüber streuen. Den Guss trocknen lassen.

für Gäste | fruchtig
Rhabarber-Mohn-Kuchen

FÜR 1 SPRINGFORM

- 400 g Rhabarber (4–5 Stangen)
  4 Eier
  250 g Zucker
  200 ml Öl
  200 ml Orangensaft
  300 g Mehl
  1 Päckchen Backpulver
  50 g gemahlener Mohnsamen
  50 g Mandelblättchen
  1 Msp. gemahlener Koriander
  Puderzucker zum Bestäuben

⏱ Zubereitung: 30 Min.
⏱ Backzeit: 50 Min.
➤ Bei 12 Stück pro Stück ca.: 330 kcal

1 | Den Ofen auf 200° vorheizen. Den Rhabarber putzen, schälen und in kleine Stücke schneiden.

2 | Eier mit Zucker dickcremig schlagen. Öl und Saft zugeben. Mehl mit Backpulver rasch unterrühren. Die Hälfte des Teiges in die vorbereitete Form geben und im Ofen (unten, Umluft 180°) 15 Min. vorbacken.

3 | Den restlichen Teig mit Mohn, Mandelblättchen, Koriander und Rhabarberstücken gut vermischen und auf dem vorgebackenen Boden verteilen. Den Kuchen in 30–35 Min. fertig backen. Mit Puderzucker bestäubt servieren.

TIPP Dazu passt gut Mandelsahne (Rezept S. 59)!

◄ Im Bild vorne: **Rhabarber-Mohn-Kuchen** | im Bild hinten: **Mandarinenkuchen**

Rezepte
VON APFEL BIS ZWETSCHGE

frisch am besten
Aprikosenkuchen

FÜR 1 SPRINGFORM

➤ 1 Dose Aprikosen (480 g netto) | 4 Eier | 300 g Zucker 200 ml Öl | 500 g Mehl 1 Päckchen Backpulver | 3 EL Kakaopulver | 100 g Butter 1 Päckchen Vanillezucker

🕐 Zubereitung: 35 Min.
🕐 Backzeit: 50 Min.
➤ Bei 12 Stück pro Stück ca.: 480 kcal

1 | Ofen auf 200° vorheizen. Aprikosen abtropfen lassen, 200 ml Saft auffangen. Eier mit 250 g Zucker dick-cremig schlagen. Öl, Saft, 300 g Mehl, Backpulver und Kakao unterrühren. Die Hälfte des Teiges in der vorbereiteten Form im Ofen (unten, Umluft 180°) 15 Min. vorbacken.

2 | Butter zerlassen, mit Vanillezucker, übrigem Zucker und Mehl zu Streuseln verarbeiten. Erst die Aprikosen, dann den restlichen Teig auf den vorgebackenen Teig geben. Streusel darauf verteilen, den Kuchen in 30–35 Min. fertig backen.

macht was her | schnell
Brombeertarte

FÜR 1 SPRINGFORM

➤ 500 g Brombeeren | 4 Eier 125 g Zucker | 100 ml Öl 100 ml Buttermilch | 150 g Mehl | 1/2 Päckchen Backpulver | 100 g Marzipanrohmasse | 150 g saure Sahne

🕐 Zubereitung: 25 Min.
🕐 Backzeit: 35 Min.
➤ Bei 12 Stück pro Stück ca.: 225 kcal

1 | Ofen auf 200° vorheizen. Beeren waschen und abtropfen lassen. 2 Eier mit Zucker dick-cremig schlagen. Öl und Buttermilch zugeben. Mehl mit Backpulver rasch unterrühren. Den Teig in die vorbereitete Form füllen und im Ofen (unten, Umluft 180°) 10 Min. vorbacken.

2 | 2 Eier mit zerkleinertem Marzipan schaumig schlagen, die saure Sahne untermischen. Die Brombeeren auf dem vorgebackenen Boden verteilen, die Eiermasse darüber gießen. Den Kuchen in 20–25 Min. fertig backen.

aromatisch | saftig
Zwetschgen-Nuss-Kuchen

FÜR 1 KASTENFORM

➤ 300 g Zwetschgen | 100 g Walnusskerne | 4 Eier 250 g Zucker | 200 ml Öl 200 ml Orangensaft | 100 g gem. Mandeln | gut 1 TL Zimtpulver | 300 g Mehl 1 Päckchen Backpulver 150 g Puderzucker | 2 EL Rum (oder Orangensaft)

🕐 Zubereitung: 35 Min.
🕐 Backzeit: 60 Min.
➤ Bei 15 Stück pro Stück ca.: 360 kcal

1 | Ofen auf 200° vorheizen. Zwetschgen waschen, entsteinen, würfeln. Nüsse hacken. Eier mit Zucker dick-cremig schlagen. Öl, Saft, alle Nüsse, 1 TL Zimt und Mehl mit Backpulver unterrühren. Zwetschgen unterheben. Teig in die vorbereitete Form füllen, im Ofen (unten, Umluft 180°) 50–60 Min. backen.

2 | Puderzucker und 1 Msp. Zimt mit Rum zum Guss rühren; auf dem Kuchen verteilen.

Im Bild vorne links: **Aprikosenkuchen** *vorne rechts:* **Brombeertarte** *hinten:* **Zwetschgen-Nuss-Kuchen** ➤

Rezepte
VON APFEL BIS ZWETSCHGE

gut vorzubereiten
Apfelkuchen

FÜR 1 SPRINGFORM

➤ 4 Eier
  250 g Zucker
  200 ml Öl
  200 ml Apfelsaft
  150 g gemahlene Haselnüsse
  50 g gehackte Mandeln
  300 g Mehl
  1 Päckchen Backpulver
  1 TL Lebkuchengewürz
➤ Für den Belag:
  150 g Butter
  45 g Zucker
  1/2 TL Zimtpulver
  200 g Mehl
  3 große Äpfel
  Puderzucker zum Bestäuben

🕐 Zubereitung: 40 Min.
🕐 Backzeit: 60 Min.
➤ Bei 12 Stück pro Stück ca.: 575 kcal

1 | Ofen auf 200° vorheizen. Eier mit Zucker dick-cremig schlagen. Öl und Saft zugeben. Nüsse und Mandeln sowie Mehl mit Backpulver und Lebkuchengewürz rasch unterrühren. Teig in die vor-bereitete Form füllen und im Ofen (unten, Umluft 180°) 15 Min. vorbacken.

2 | Die Butter zerlassen, mit Zucker, Zimt und Mehl zu einem krümeligen Teig ver-arbeiten. Äpfel schälen, vier-teln, das Kernhaus entfernen und die Schnitze quer in feine Scheiben schneiden. Diese auf dem Kuchen verteilen, Streusel darüber geben, den Kuchen in 45 Min. fertig backen. Mit Puderzucker bestäubt servieren.

für Gäste | aromatisch
Gedeckter Birnenkuchen

FÜR 1 SPRINGFORM

➤ 4 Eier
  250 g Zucker
  200 ml Öl
  200 ml Milch
  300 g Mehl
  4 EL zarte Haferflocken
  1 Päckchen Backpulver
  1 EL Kakaopulver
  1/2 TL Zimtpulver
  1 Msp. Nelkenpulver
  2 Birnen
  Puderzucker zum Bestäuben

🕐 Zubereitung: 30 Min.
🕐 Backzeit: 50 Min.
➤ Bei 12 Stück pro Stück ca.: 315 kcal

1 | Den Ofen auf 200° vor-heizen. Eier mit Zucker dick-cremig schlagen. Öl und Milch zugeben. Mehl mit Haferflocken, Backpulver, Kakao und Gewürzen rasch unterrühren. Die Hälfte des Teiges in die vorbereitete Form füllen und im heißen Ofen (unten, Umluft 180°) 15 Min. vorbacken.

2 | Die Birnen schälen, vier-teln und das Kernhaus ent-fernen. Die Schnitze in feine Scheiben schneiden, auf dem vorgebackenen Boden vertei-len und mit dem restlichen Teig bedecken. Den Birnen-kuchen in 30–35 Min. fertig backen. Mit Puderzucker bestäubt servieren.

TIPP

Deko

Fein schmeckt dieser Kuchen auch mit Scho-koladenguss überzo-gen und mit ganzen oder gehackten Pista-zienkernen bestreut.

◀ Im Bild vorne: Gedeckter Birnenkuchen   im Bild hinten: Apfelkuchen

Blechkuchen-Variationen

Diese Kuchen sind schnell fertig und ergeben viele Portionen – ideal, wenn sich viele Kaffeegäste angesagt haben! Auch hier finden Sie neben vielen fruchtig-frischen Rezepten auch Nussiges und Kuchen mit aromatischen Gewürzen.

23	Heidelbeerkuchen	27	Johannisbeer-Rahmkuchen
23	Glühweinkuchen	28	Rhabarberkuchen
24	Kirschkuchen	28	Birnenkuchen mit Gitter
24	Kleckselkuchen	31	Adventskuchen
27	Apfel-Zupfkuchen	31	Walnuss-Schnitten

Rezepte
BLECHKUCHEN-VARIATIONEN

Blitzrezepte

Heidelbeerkuchen

FÜR 1 OBSTKUCHENBLECH
(15 STÜCK)

➤ 4 Eier | 250 g Zucker | 200 ml Öl | 200 ml Orangensaft | 300 g Mehl | 1 Päckchen Backpulver | 300 g Heidelbeeren
200 g Puderzucker | Saft von 1 Zitrone

1 | Ofen auf 200° vorheizen. Eier mit Zucker dick-cremig schlagen. Öl, Saft und Mehl mit Backpulver einrühren. Teig auf das vorbereitete Blech streichen, im Ofen (unten, Umluft 180°) 10 Min. vorbacken.

2 | Beeren auf dem Kuchen verteilen, diesen weitere 15–20 Min. backen. Puderzucker mit Zitronensaft zu einem glatten Guss verrühren. Auf den Kuchen geben.

Glühweinkuchen

FÜR 1 OBSTKUCHENBLECH
(15 STÜCK)

➤ 4 Eier | 250 g Zucker | 200 ml Öl
200 ml Glühwein | gut 1 TL Zimtpulver
100 g Schokoraspel | 300 g Mehl
1 EL Kakaopulver | 1 Päckchen Backpuver | 200 g Puderzucker | 3 EL Rum

1 | Ofen auf 200° vorheizen. Eier mit Zucker dick-cremig schlagen. Öl, Glühwein, 1 TL Zimt, Schokoraspel und Mehl mit Kakao und Backpulver einrühren. Teig auf das vorbereitete Blech streichen, im Ofen (unten, Umluft 180°) 20–25 Min. backen.

2 | Puderzucker, etwas Zimt und Rum zum Guss verrühren, auf den Kuchen geben.

Rezepte
BLECHKUCHEN-VARIATIONEN

gut vorzubereiten

Kirschkuchen

FÜR 1 OBSTKUCHENBLECH

➤ 4 Eier
  250 g Zucker
  200 ml Öl
  200 ml Orangensaft
  200 g Schokoraspel
  300 g Mehl
  1 Päckchen Backpulver
➤ Für Belag und Streusel:
  1 Glas Sauerkirschen
  (360 g netto)
  150 g Butter
  45 g Zucker
  1 Päckchen Vanille-
  zucker
  200 g Mehl

🕐 Zubereitung: 35 Min.
🕐 Backzeit: 30 Min.
➤ Bei 25 Stück pro Stück
  ca.: 275 kcal

1 | Den Ofen auf 200° vor-
heizen. Eier mit Zucker dick-
cremig schlagen. Öl, Orangensaft und Schokoraspel
zugeben. Mehl mit Backpulver rasch unterrühren. Den
Teig auf das vorbereitete
Blech streichen, im Ofen
(unten, Umluft 180°) 12 Min.
vorbacken.

2 | Inzwischen die Kirschen
abtropfen lassen. Die Butter
zerlassen, etwas abkühlen
lassen, mit Zucker, Vanillezucker und Mehl zu einem
krümeligen Teig verarbeiten.
Kirschen auf dem vorge-
backenen Boden verteilen,
Streusel darüber krümeln.
Den Kuchen in 15–20 Min.
fertig backen.

fruchtig | gelingt leicht

Kleckselkuchen

FÜR 1 OBSTKUCHENBLECH

➤ 1 Dose Aprikosen
  (480 g netto)
  4 Eier
  250 g Zucker
  200 ml Öl
  300 g Mehl
  1 Päckchen Backpulver
  4 EL gem. Mohn
  50 g gem. Haselnüsse

🕐 Zubereitung: 30 Min.
🕐 Backzeit: 30 Min.
➤ Bei 15 Stück pro Stück
  ca.: 285 kcal

1 | Den Ofen auf 200° vor-
heizen. Aprikosen abtropfen
lassen, den Saft dabei auffangen und 200 ml abmessen.

2 | Eier mit Zucker dick-
cremig schlagen. Öl und
Aprikosensaft zugeben. Mehl
mit Backpulver rasch unterrühren. Die Hälfte des Teiges
auf das vorbereitete Blech
geben. Den restlichen Teig
halbieren. Eine Hälfte mit
dem Mohn mischen und mit
einem Löffel Kleckse auf den
hellen Teig geben.

3 | Unter den übrigen Teig
die Nüsse mischen und diesen Teig als Kleckse in die
Zwischenräume setzen. Den
Kuchenboden im heißen
Ofen (unten, Umluft 180°)
5–10 Min. vorbacken.

4 | Die Aprikosen auf dem
vorgebackenen Boden ver-
teilen und den Kuchen in
15–20 Min. fertig backen.

TIPP Anstelle von Mohn
kann man auch gut
Kakaopulver ver-
wenden.

Im Bild vorne: **Kirschkuchen**   *im Bild hinten:* **Kleckselkuchen** ➤

Rezepte
BLECHKUCHEN-VARIATIONEN

Klassiker | saftig

Apfel-Zupfkuchen

FÜR 1 OBSTKUCHENBLECH

- ➤ 4 Eier
  250 g Zucker
  200 ml Öl
  200 ml heller Traubensaft
  300 g Mehl
  1/2 TL Zimtpulver
  1 Päckchen Backpulver
- ➤ Für den Belag:
  150 g Butter
  75 g Zucker
  200 g Mehl
  1 1/2 EL Kakaopulver
  5 säuerliche Äpfel

- ⏲ Zubereitung: 30 Min.
- ⏲ Backzeit: 40 Min.
- ➤ Bei 15 Stück pro Stück ca.: 395 kcal

1 | Den Ofen auf 200° vorheizen. Die Butter für den Belag zerlassen und mit Zucker, Mehl sowie dem Kakao zu einem krümeligen Teig verarbeiten.

2 | Eier mit Zucker dickcremig schlagen. Öl und Traubensaft zugeben. Mehl mit Zimt und Backpulver rasch unterrühren.

3 | Den Teig auf das vorbereitete Blech streichen und im heißen Ofen (unten, Umluft 180°) 12 Min. vorbacken.

4 | Inzwischen die Äpfel für den Belag schälen, grob raspeln und auf den vorgebackenen Boden geben. Vom Streuselteig Stücke abzupfen und auf den Äpfeln verteilen. Den Kuchen in 30 Min. fertig backen.

frisch am besten

Johannisbeer-Rahmkuchen

FÜR 1 OBSTKUCHENBLECH

- ➤ 4 Eier
  250 g Zucker
  200 ml Öl
  200 ml Orangensaft
  300 g Mehl
  1 Päckchen Backpulver
- ➤ Für den Belag:
  500 g rote Johannisbeeren
  450 g saure Sahne
  3 Eier
  50 g Zucker

- ⏲ Zubereitung: 35 Min.
- ⏲ Backzeit: 45 Min.
- ➤ Bei 15 Stück pro Stück ca.: 310 kcal

1 | Den Backofen auf 200° vorheizen. Die Johannisbeeren für den Belag waschen, von den Stielen streifen und abtropfen lassen.

2 | Eier mit Zucker dickcremig schlagen. Öl und Orangensaft zugeben. Das Mehl mit dem Backpulver rasch unterrühren.

3 | Den Teig auf das vorbereitete Blech streichen und im heißen Ofen (unten, Umluft 180°) 12–15 Min. vorbacken.

4 | Saure Sahne, Eier und Zucker verrühren und den Eierguss auf den vorgebackenen Boden gießen. Die Johannisbeeren darauf verteilen und den Kuchen in 25–30 Min. fertig backen.

◀ Im Bild vorne: Johannisbeer-Rahmkuchen im Bild hinten: Apfel-Zupfkuchen

Rezepte
BLECHKUCHEN-VARIATIONEN

gelingt leicht

Rhabarberkuchen

FÜR 1 OBSTKUCHENBLECH

- 4 Eier
  250 g Zucker
  200 ml Öl
  200 ml Orangenlimonade
  300 g Mehl
  3 EL Kakaopulver
  1 Päckchen Backpulver
- Für den Belag:
  800 g Rhabarber
  450 g saure Sahne
  4 Eier
  75 g Zucker

⏲ Zubereitung: 40 Min.
⏲ Backzeit: 35 Min.
➤ Bei 15 Stück pro Stück
  ca.: 325 kcal

1 | Ofen auf 200° vorheizen. Den Rhabarber für den Belag putzen, schälen und in kleine Stücke schneiden.

2 | Die Eier mit dem Zucker dick-cremig schlagen. Öl und Orangenlimonade zugeben. Das Mehl mit Kakaopulver und Backpulver gemischt rasch unterrühren.

3 | Den Teig auf das vorbereitete Blech streichen und im Ofen (unten, Umluft 180°) 15 Min. vorbacken.

4 | Inzwischen für den Belag die saure Sahne mit den Eiern und dem Zucker gut verrühren. Die Rhabarberstücke unterheben.

5 | Den Rhabarberguss auf dem vorgebackenen Boden verteilen. Den Kuchen weitere 15–20 Min. backen.

schnell | saftig

Birnenkuchen mit Gitter

FÜR 1 OBSTKUCHENBLECH

- 5 Birnen
  4 Eier
  250 g Zucker
  200 ml Öl
  200 ml Birnensaft
  100 g Mandelblättchen
  300 g Mehl
  1 Päckchen Backpulver
  1 Msp. gemahlene Nelken
- Für den Guss:
  100 g Zartbitterkuvertüre
  2 EL Mandelblättchen

⏲ Zubereitung: 30 Min.
⏲ Backzeit: 35 Min.
➤ Bei 15 Stück pro Stück
  ca.: 335 kcal

1 | Den Ofen auf 200° vorheizen. Birnen schälen, vierteln, das Kernhaus entfernen und die Schnitze quer in feine Scheiben schneiden.

2 | Eier mit Zucker dickcremig schlagen. Öl und Saft zugeben und die Mandelblättchen untermischen. Mehl mit Backpulver und gemahlenen Nelken rasch unterrühren. Die Birnenscheiben unterheben.

3 | Den Teig auf das vorbereitete Blech streichen, im Ofen (unten, Umluft 180°) 30–35 Min. backen und abkühlen lassen.

4 | Die Kuvertüre im Wasserbad schmelzen und in einen kleinen Gefrierbeutel füllen. Eine Ecke des Beutels abschneiden und den Guss gitterförmig auf den Kuchen laufen lassen. Die Mandelblättchen darüber streuen und den Guss trocknen lassen.

Im Bild vorne: **Rhabarberkuchen** *im Bild hinten:* **Birnenkuchen mit Gitter** ➤

Rezepte
BLECHKUCHEN-VARIATIONEN

aromatisch
Adventskuchen

FÜR 1 OBSTKUCHENBLECH

➤ 100 g ganze Mandeln
75 g Nuss-Nougat-Creme
4 Eier
200 g brauner Zucker
200 ml Öl
200 ml Milchgetränk mit Orangengeschmack (z. B. Müllermilch Orange)
300 g Mehl
15 g Lebkuchengewürz
2 EL Kakaopulver
1 Päckchen Backpulver

🕐 Zubereitung: 35 Min.
🕐 Backzeit: 25 Min.
➤ Bei 15 Stück pro Stück ca.: 295 kcal

1 | Die Mandeln mit kochendem Wasser überbrühen und häuten. Den Ofen auf 200° vorheizen. Die Nuss-Nougat-Creme leicht erwärmen.

2 | Die Eier mit dem Zucker dick-cremig schlagen. Öl, das Milchgetränk sowie die Nuss-Nougat-Creme zugeben. Das Mehl mit Lebkuchengewürz, Kakao und Backpulver gemischt rasch unterrühren.

3 | Den Teig auf das vorbereitete Blech streichen und im heißen Ofen (unten, Umluft 180°) 10–12 Min. vorbacken.

4 | Die gehäuteten Mandeln auf dem vorgebackenen Boden verteilen und den Adventskuchen in 15 Min. fertig backen.

für Gourmets
Walnuss-Schnitten

FÜR 1 OBSTKUCHENBLECH

➤ 200 g Walnusskerne
4 Eier
250 g Zucker
200 ml Öl
200 ml Orangensaft
300 g Mehl
1/2 TL Zimtpulver
1 Msp. Nelkenpulver
1 Päckchen Backpulver
➤ Für Guss und Verzierung:
200 g Puderzucker
1 Msp. Zimtpulver
4 EL Rum (ersatzweise Orangensaft)
etwa 15 Walnusshälften

🕐 Zubereitung: 35 Min.
🕐 Backzeit: 25 Min.
➤ Bei 15 Stück pro Stück ca.: 220 kcal

1 | Den Backofen auf 200° vorheizen. Die Walnüsse grob hacken.

2 | Eier mit Zucker dick-cremig schlagen. Öl und Saft zugeben. Gehackte Walnüsse sowie das Mehl mit Gewürzen und Backpulver rasch unterrühren.

3 | Den Teig auf das vorbereitete Blech streichen, im Ofen (unten, Umluft 180°) 20–25 Min. backen und abkühlen lassen.

4 | Den Puderzucker sieben, den Zimt und dann tropfenweise den Rum unterrühren, bis ein glatter, dicklicher Guss entstanden ist. Diesen auf den Kuchen streichen und die Walnusshälften darauf setzen.

5 | Den Guss trocknen lassen und den Kuchen vor dem Servieren in Rechtecke schneiden.

Im Bild vorne: **Walnuss-Schnitten** *im Bild hinten:* **Adventskuchen**

Kuchenböden mit Pfiff

Bringen Sie Abwechslung in das Thema »Kuchenboden«! Nicht nur die zahlreichen Ideen für fruchtige Beläge werden Ihre Backfantasie beflügeln, auch das »Unten-Drunter« muss durchaus nicht immer das Gleiche sein – überzeugen Sie sich selbst!

33	Butterkuchen	39	Beerenkuchen
33	Stracciatellakuchen	39	Pflaumenkuchen
35	Kiwikuchen	40	Himbeerkuchen
35	Erdbeer-Birnen-Kuchen	40	Mohnkuchen mit Pfirsichen
36	Blutorangenkuchen	43	Nusskuchen mit Mandarinen

Rezepte
KUCHENBÖDEN MIT PFIFF

Blitzrezepte

Butterkuchen

FÜR 1 OBSTKUCHENBLECH (15 STÜCK)

> 1 Päckchen Vanillepuddingpulver
> 200 g Sahne | 4 Eier | 400 g Zucker
> 200 ml Öl | 300 g Mehl | 1 Päckchen
> Backpulver | 250 g Butter | 300 g Mandelblättchen

1 | Ofen auf 200° vorheizen. Puddingpulver mit Sahne anrühren. Eier mit 150 g Zucker dick-cremig schlagen. Öl, Puddingsahne, Mehl und Backpulver unterrühren. Teig auf das vorbereitete Blech streichen, im Ofen (unten, Umluft 180°) 15 Min. vorbacken.

2 | Butter zerlassen, Mandeln und übrigen Zucker untermischen, gleichmäßig auf dem vorgebackenen Boden verteilen. Den Kuchen in 15 Min. fertig backen.

Stracciatellakuchen

FÜR 1 SPRINGFORM (12 STÜCK)

> 2 Eier | 150 g Zucker | 100 ml Öl
> 100 ml Saft | 50 g Schokoraspel
> 150 g Mehl | 1/2 Päckchen Backpulver
> 1 Dose Birnen (460 g netto)
> 1 Glas Heidelbeeren (200 g netto)
> 1 Päckchen Tortenguss klar

1 | Ofen auf 200° vorheizen. Eier mit 125 g Zucker dick-cremig schlagen. Alle Zutaten bis auf Obst und Tortenguss unterrühren. Teig in der vorbereiteten Form im Ofen (unten, Umluft 180°) 20–25 Min. backen.

2 | Birnen abtropfen lassen, dabei den Saft auffangen. Birnen in Spalten schneiden, mit abgetropften Beeren auf den Kuchen geben. Guss mit Saft und übrigem Zucker zubereiten, auf dem Obst verteilen.

Rezepte
KUCHENBÖDEN MIT PFIFF

schnell | fruchtig
Kiwikuchen

FÜR 1 SPRINGFORM

- 2 Eier
  125 g Zucker
  100 ml Öl
  100 ml Multivitaminsaft
  150 g Mehl
  1/2 Päckchen Backpulver
- Für Belag und Guss:
  8 reife Kiwis
  Saft von 1/2 Zitrone
  2 EL Zucker
  1 Päckchen Tortenguss klar

- Zubereitung: 20 Min.
- Backzeit: 25 Min.
- Bei 12 Stück pro Stück ca.: 165 kcal

1 | Den Ofen auf 200° vorheizen. Eier mit Zucker dickcremig schlagen. Öl und Saft zugeben. Mehl mit Backpulver rasch unterrühren. Den Teig in die vorbereitete Form füllen, im Ofen (unten, Umluft 180°) 20–25 Min. backen und abkühlen lassen.

2 | Einen Tortenring um den Kuchenboden stellen. Kiwis schälen, in Scheiben schneiden und den Boden damit belegen. Zitronensaft mit Wasser auf 250 ml auffüllen, damit und mit dem Zucker den Guss nach Packungsanweisung zubereiten, auf dem Kuchen verteilen.

TIPP Lecker schmeckt dazu Stracciatellasahne (Rezept S. 58).

saftig | gelingt leicht
Erdbeer-Birnen-Kuchen

FÜR 1 SPRINGFORM

- 2 Eier
  125 g Zucker
  100 ml Öl
  150 g Mehl
  2 EL Kakaopulver
  1/2 Päckchen Backpulver
- Für Belag und Guss:
  1 große Dose Birnen (460 g netto)
  500 g Erdbeeren
  1 Päckchen Tortenguss klar
  2 EL Zucker

- Zubereitung: 25 Min.
- Backzeit: 25 Min.
- Bei 12 Stück pro Stück ca.: 200 kcal

1 | Den Ofen auf 200° vorheizen. Die Birnen für den Belag abtropfen lassen, den Saft dabei auffangen und 100 ml abmessen (den Rest aufbewahren).

2 | Eier mit Zucker dickcremig schlagen. Das Öl und den abgemessenen Birnensaft zugeben. Mehl mit Kakao und Backpulver rasch unterrühren. Den Teig in die vorbereitete Form füllen, im Ofen (unten, Umluft 180°) 20–25 Min. backen und abkühlen lassen.

3 | Inzwischen die Erdbeeren waschen, entstielen und abtropfen lassen. Die Birnen in Spalten schneiden. Einen Tortenring um den abgekühlten Kuchenboden legen. Die Birnen am Rand verteilen. Die Erdbeeren innerhalb dieses Ringes dicht aneinander setzen und zur Mitte hin etwas anhäufen.

4 | Den übrigen Birnensaft mit Wasser auf 250 ml auffüllen. Den Tortenguss damit und mit dem Zucker nach Packungsanweisung zubereiten, auf dem Obst verteilen.

◀ **Im Bild vorne:** Kiwikuchen   **im Bild hinten:** Erdbeer-Birnen-Kuchen

Rezepte
KUCHENBÖDEN MIT PFIFF

macht was her | fruchtig
Blutorangenkuchen

FÜR 1 SPRINGFORM
- 2 Eier
  125 g Zucker
  100 ml Öl
  100 ml Orangensaft
  125 g gem. Mohn
  150 g Mehl
  1/2 Päckchen Backpulver
- Für Belag und Guss:
  7 Blutorangen
  1 Päckchen Tortenguss klar
  2 EL Zucker
  200 g Sahne
  1 Päckchen Vanillezucker

- Zubereitung: 40 Min.
- Backzeit: 25 Min.
- Bei 12 Stück pro Stück ca.: 275 kcal

1 | Den Ofen auf 200° vorheizen. Eier mit Zucker dickcremig schlagen. Öl und Saft zugeben. Den gemahlenen Mohn sowie das Mehl mit dem Backpulver rasch unterrühren. Den Teig in die vorbereitete Form füllen, im Ofen (unten, Umluft 180°) 25 Min. backen und abkühlen lassen.

2 | Einen Tortenring um den abgekühlten Kuchen legen. 5 Orangen mit einem scharfen Messer bis ins Fruchtfleisch schälen, in 4–5 mm dicke Scheiben schneiden und diese auf dem Kuchen verteilen. Die restlichen Orangen auspressen und den Saft durchsieben (wenn nötig mit Wasser auf 250 ml auffüllen). Den Tortenguss damit und mit dem Zucker nach Packungsanweisung zubereiten, auf dem Kuchen verteilen und fest werden lassen.

3 | Sahne mit Vanillezucker steif schlagen, in einen Spritzbeutel mit Sterntülle füllen und am Rand des Kuchens Sahnetupfer aufspritzen.

TIPP Statt der Blutorangen können natürlich auch genauso gut helle Orangen verwendet werden!

1 *Die Schale der Orange unten waagerecht abschneiden.*

2 *Die Orange streifenweise von oben nach unten dick schälen.*

3 *Die Frucht waagerecht in 4–5 mm dicke Scheiben schneiden.*

Rezepte
KUCHENBÖDEN MIT PFIFF

frisch am besten
Beerenkuchen

FÜR 1 SPRINGFORM

- 2 Eier
  125 g Zucker
  100 ml Öl
  100 ml Orangensaft
  150 g Mehl
  1/2 Päckchen Backpulver
- Für Belag und Guss:
  1 Glas Heidelbeeren (200 g netto)
  2 Gläser Himbeeren (à 120 g netto)
  2 Päckchen Tortenguss klar
  2 EL Zucker
  2 EL Mandelblättchen
  Schlagsahne zum Verzieren (nach Belieben)

- Zubereitung: 30 Min.
- Backzeit: 25 Min.
- Bei 12 Stück pro Stück ca.: 180 kcal

1 | Den Ofen auf 200° vorheizen. Eier mit Zucker dickcremig schlagen. Öl und Saft zugeben. Mehl mit Backpulver rasch unterrühren. Den Teig in die vorbereitete Form füllen, im Ofen (unten, Umluft 180°) 20–25 Min. backen und abkühlen lassen.

2 | Die Beeren abtropfen lassen, dabei den Saft auffangen. Einen Tortenring um den Kuchenboden stellen. Beeren auf dem Kuchen verteilen.

3 | Tortenguss mit 500 ml Beerensaft und dem Zucker nach Packungsanweisung zubereiten, über die Beeren gießen und fest werden lassen. Den Kuchen am Rand mit Mandelblättchen und nach Belieben jedes Stück mit einem Tupfer Schlagsahne verzieren.

saftig | fürs Büfett
Pflaumenkuchen

FÜR 1 SPRINGFORM

- 100 g Walnusskerne
  2 Eier
  125 g Zucker
  100 ml Öl
  100 ml Apfelsaft
  150 g Mehl
  1/2 Päckchen Backpulver
- Für Belag und Guss:
  1 großes Glas Pflaumen (395 g netto)
  2 Päckchen Tortenguss klar
  2 EL Zucker

- Zubereitung: 35 Min.
- Backzeit: 25 Min.
- Bei 12 Stück pro Stück ca.: 235 kcal

1 | Den Ofen auf 200° vorheizen. Die Walnüsse mahlen.

2 | Eier mit Zucker dickcremig schlagen. Öl und Saft zugeben. Nüsse und das Mehl mit dem Backpulver rasch unterrühren. Den Teig in die vorbereitete Form füllen, im Ofen (unten, Umluft 180°) 20–25 Min. backen und abkühlen lassen.

3 | Einen Tortenring um den Kuchenboden stellen. Die Pflaumen abtropfen lassen und dabei den Saft auffangen. Die Pflaumen klein würfeln und auf dem Kuchen verteilen. Den Tortenguss mit 1/2 l Pflaumensaft (eventuell mit Wasser aufgefüllt) und dem Zucker nach Packungsanweisung zubereiten, über die Pflaumen gießen und fest werden lassen.

TIPP Mit Zimtsahne (Rezept S. 58) kann man ein dekoratives Gitter auf den Kuchen spritzen.

Im Bild vorne: **Pflaumenkuchen** *im Bild hinten:* **Beerenkuchen**

Rezepte
KUCHENBÖDEN MIT PFIFF

fruchtig | schnell

Himbeerkuchen

FÜR 1 SPRINGFORM

➤ 2 Eier
   125 g Zucker
   100 ml Öl
   100 ml Orangensaft
   150 g Mehl
   2 EL Kakaopulver
   1/2 Päckchen Backpulver
➤ Für den Belag:
   2 Gläser Himbeeren
   (à 120 g netto)
   2 Päckchen Tortenguss rot
   4 EL Zucker

🕐 Zubereitung: 25 Min.
🕐 Backzeit: 20 Min.
➤ Bei 12 Stück pro Stück
   ca.: 170 kcal

1 | Den Ofen auf 200° vorheizen. Eier mit Zucker dickcremig schlagen. Öl und Saft zugeben. Mehl mit Kakao und Backpulver rasch unterrühren. Den Teig in die vorbereitete Form füllen, im Ofen (unten, Umluft 180°) 20 Min. backen.

2 | Für den Belag die Himbeeren abgießen und den Saft auffangen. Einen Tortenring

um den abgekühlten Boden stellen. Tortenguss mit dem Zucker und 1/2 l Himbeersaft (mit Wasser aufgegossen) nach Packungsanweisung zubereiten. Himbeeren unterheben und die Mischung auf dem Kuchenboden verteilen. Den Belag im Kühlschrank fest werden lassen.

gelingt leicht | für Gäste

Mohnkuchen mit Pfirsichen

FÜR 1 SPRINGFORM

➤ 2 Eier
   125 g Zucker
   100 ml Öl
   100 ml Pfirsichsaft
   100 g gem. Mohn
   150 g Mehl
   1/2 Päckchen Backpulver
➤ Für Belag und Garnitur:
   1 große Dose Pfirsiche
   (470 g netto)
   400 g Sahne
   2 Päckchen Vanillezucker
   2 EL Schokoraspel

🕐 Zubereitung: 30 Min.
🕐 Backzeit: 30 Min.
➤ Bei 12 Stück pro Stück
   ca.: 320 kcal

1 | Den Ofen auf 200° vorheizen. Die Pfirsiche für den Belag abtropfen lassen, dabei den Saft auffangen und 100 ml abmessen.

2 | Eier mit Zucker dickcremig schlagen. Öl und Pfirsichsaft zugeben, dann den Mohn untermischen. Mehl mit Backpulver rasch unterrühren. Den Teig in die vorbereitete Form füllen, im Ofen (unten, Umluft 180°) 25–30 Min. backen und abkühlen lassen.

3 | 3 Pfirsichhälften in dünne Scheiben, den Rest in kleine Würfel schneiden. Einen Tortenring um den abgekühlten Kuchen stellen.

4 | Sahne mit Vanillezucker steif schlagen, Pfirsichwürfel unterheben und die Masse auf dem Boden verteilen. Die Pfirsichscheiben darauf verteilen und die Schokoraspel darauf streuen. Den Kuchen bis zum Servieren kühl aufbewahren.

Im Bild vorne: **Himbeerkuchen**   *im Bild hinten:* **Mohnkuchen mit Pfirsichen** ➤

Rezepte
KUCHENBÖDEN MIT PFIFF

gut vorzubereiten | macht was her
Nusskuchen mit Mandarinen

FÜR 1 SPRINGFORM
- 4 Eier
  250 g Zucker
  200 ml Öl
  200 ml Milch
  100 g Schokoraspel
  100 g gemahlene Haselnüsse
  300 g Mehl
  1 Päckchen Backpulver
- Für Füllung und Verzierung:
  2 Dosen Mandarinen (175 g netto)
  400 g Sahne
  2 Päckchen Vanillezucker

⏲ Zubereitung: 35 Min.
⏲ Backzeit: 50 Min.
- Bei 12 Stück pro Stück ca.: 500 kcal

1 | Den Ofen auf 200° vorheizen. Eier mit Zucker dickcremig schlagen. Öl und Milch zugeben. Schokoraspel und Nüsse sowie das Mehl mit dem Backpulver rasch unterrühren. Den Teig in die vorbereitete Form füllen, im Ofen (unten, Umluft 180°) 45–50 Min. backen und abkühlen lassen.

2 | Inzwischen die Mandarinen für den Belag abtropfen lassen. Einige Scheibchen für die Dekoration abnehmen. Den Kuchen mit einem Löffel so aushöhlen, dass ein 2 cm dicker Rand stehen bleibt. Die ausgehöhlte Kuchenmasse zerbröseln und beiseite stellen.

3 | Sahne mit Vanillezucker steif schlagen. Kuchenbrösel und Mandarinen unterheben und in den Boden füllen.

4 | Den Kuchen mit den zurückbehaltenen Mandarinen verzieren und bis zum Servieren kalt stellen.

TIPPS
- Der Kuchen lässt sich am besten aushöhlen, wenn er am Tag zuvor gebacken wurde!
- Sieht lecker aus: Kuchen mit 1–2 EL Schokoraspel bestreuen.

1 Den abgekühlten Kuchen mit einem Löffel aushöhlen.

2 Die ausgehöhlte Kuchenmasse gleichmäßig zerbröseln.

3 Kuchenbrösel und Mandarinen unter die Sahne heben.

Vom Rührkuchen zur Torte

Torten dürfen natürlich in keinem Backbuch fehlen – aber keine Angst, die hier vorgestellten sind ganz und gar unkompliziert! Lediglich etwas Zeit und ein klein wenig Geduld müssen Sie für so eine leckere Torte aufbringen ...

45	Schokosahnetorte	50	Bananen-Sahnetorte
45	Eierlikörtorte	53	Schwarzwälder Kirsch
46	Haselnuss-Sahnetorte	55	Tiramisu-Torte
46	Zitronen-Sahnetorte	55	Nougat-Torte
49	Erdbeer-Knispeltorte	56	Marzipantorte
50	Preiselbeertorte	56	Frankfurter Kranz

Rezepte
VOM RÜHRKUCHEN ZUR TORTE

Blitzrezepte

Schokosahnetorte

FÜR 1 SPRINGFORM (14 STÜCK)

➤ 2 Eier | 125 g Zucker | 100 ml Öl | 100 ml Instant-Cappuccino | 2 EL Kakaopulver 150 g Mehl | 1/2 Päckchen Backpulver 400 g Sahne | 5 EL Kakaogetränkepulver 2 Dosen Mandarinen (175 g netto)

1 | Aus Eiern, Zucker, Öl, Cappuccino, Kakao, Mehl, Backpulver nach Grundrezept (S. 4) in 25 Min. einen Kuchen backen, abkühlen lassen und durchschneiden.

2 | Sahne steif schlagen, 5 EL beiseite stellen, den Kakao unterheben und den Kuchenboden damit bestreichen. Abgetropfte Mandarinen darauf verteilen, den Deckel auflegen. Die Torte mit Schokosahne bestreichen, Sahnetuffs aufspritzen.

Eierlikörtorte

FÜR 1 SPRINGFORM (12 STÜCK)

➤ 100 g Mandeln | 2 Eier | 140 g Zucker 100 ml Öl | 100 ml Orangensaft 50 g Schokoraspel | 150 g Mehl 1 EL Kakaopulver | 1/2 Päckchen Backpulver | 400 g Sahne | 4 EL Eierlikör

1 | Mandeln je zur Hälfte mahlen und hacken. Aus Eiern, 125 g Zucker, Öl, Saft, Schokoraspeln, Mandeln, Mehl, Kakao und Backpulver nach Grundrezept (S. 4) einen Kuchen backen (25–30 Min.) abkühlen lassen und durchschneiden.

2 | Die Sahne mit übrigem Zucker steif schlagen. 5 EL beiseite stellen, den Boden bestreichen. Oben rundum Sahnetupfer aufspritzen. In die Mitte Eierlikör träufeln.

45

Rezepte
VOM RÜHRKUCHEN ZUR TORTE

für Festtage

Haselnuss-Sahnetorte

FÜR 1 SPRINGFORM

➤ 4 Eier
250 g Zucker
200 ml Öl
200 ml Milch
300 g gem. Haselnüsse
300 g Mehl
1 Päckchen Backpulver
5 EL Brombeermarmelade
600 g Sahne
3 Päckchen Vanillezucker
14 Haselnusskerne

🕐 Zubereitung: 30 Min.
🕐 Backzeit: 50 Min.
➤ Bei 14 Stück pro Stück
ca.: 550 kcal

1 | Ofen auf 200° vorheizen. Eier mit Zucker dick-cremig schlagen. Öl und Milch zugeben. 200 g Nüsse und Mehl mit Backpulver unterrühren. Teig in die vorbereitete Form füllen, im Ofen (unten, Umluft 180°) 45–50 Min. backen.

2 | Den Kuchen zweimal quer durchschneiden. Den unteren Boden mit Marmelade bestreichen, den zweiten Boden auflegen. Sahne mit Vanillezucker steif schlagen, 5 EL davon in einen Spritzbeutel mit Sterntülle geben.

3 | 100 g Nüsse unter die Sahne mischen. Ein Drittel auf den zweiten Boden streichen, Deckel aufsetzen, die Torte mit Nuss-Sahne bestreichen. Rundum Sahnetuffs aufspritzen, auf jeden 1 Nuss setzen.

gut vorzubereiten

Zitronen-Sahnetorte

FÜR 1 SPRINGFORM

➤ 4 Eier
275 g Zucker
200 ml Öl
200 ml Orangensaft
Saft von 1 Zitrone
300 g Mehl
1 Päckchen Backpulver
3 Zitronen
(davon 1 unbehandelt)
600 g Sahne
3 Päckchen Vanillezucker
3 EL Johannisbeergelee

🕐 Zubereitung: 40 Min.
🕐 Backzeit: 50 Min.
➤ Bei 14 Stück pro Stück
ca.: 385 kcal

1 | Den Ofen auf 200° vorheizen. Eier mit 250 g Zucker dick-cremig schlagen. Öl, Orangen- und Zitronensaft zugeben. Mehl mit Backpulver rasch unterrühren. Den Teig in die vorbereitete Form füllen, im Ofen (unten, Umluft 180°) 45–50 Min. backen.

2 | Die unbehandelte Zitrone heiß waschen und trocknen. Eine Hälfte davon sowie die übrigen 2 Zitronen auspressen, die halbe Zitrone in Scheiben schneiden. Die Sahne mit dem restlichen Zucker und dem Vanillezucker steif schlagen, den Zitronensaft unterrühren.

3 | Den Kuchen zweimal quer durchschneiden. Das Gelee auf den unteren Boden streichen, den zweiten Boden auflegen. Ein Drittel der Zitronensahne darauf streichen, den Deckel auflegen.

4 | 4 EL Sahne in einen Spritzbeutel mit Sterntülle füllen. Mit der restlichen Sahne die Torte bestreichen. Sahnetuffs aufspritzen, die Zitronenscheiben in Stücke schneiden und auf die Tuffs legen.

Im Bild links: **Haselnuss-Sahnetorte** *im Bild rechts:* **Zitronen-Sahnetorte** ➤

Rezepte
VOM RÜHRKUCHEN ZUR TORTE

für Gourmets | macht was her
Erdbeer-Knispeltorte

FÜR 1 SPRINGFORM
- 4 Eier
  250 g Zucker
  200 ml Öl
  200 ml Orangensaft
  300 g Mehl
  1 Päckchen Backpulver
- Für Füllung und Garnitur:
  300 g Zartbitterkuvertüre
  800 g Erdbeeren
  800 g Sahne
  4 Päckchen Vanillezucker
  Schokoraspel zum Bestreuen (nach Belieben)

⊙ Zubereitung: 60 Min.
⊙ Backzeit: 40 Min.
- Bei 14 Stück pro Stück ca.: 550 kcal

1 | Ofen auf 200° vorheizen. Eier mit Zucker dick-cremig schlagen. Öl und Saft zufügen. Mehl mit Backpulver unterrühren. Teig in die vorbereitete Form füllen, im Ofen (unten, Umluft 180°) 35–40 Min. backen und abkühlen lassen.

2 | Die Kuvertüre im Wasserbad schmelzen. Erdbeeren waschen und abtropfen lassen. Für die Garnitur 10 schöne Beeren mit Grün halbieren und jede Hälfte teilweise in die gelöste Kuvertüre tauchen. Auf einem Stück Alufolie trocknen lassen. Von den restlichen Erdbeeren das Grün entfernen, die Hälfte der Beeren pürieren, die übrigen klein schneiden.

3 | Den Kuchen zweimal quer durchschneiden. Den unteren und mittleren Boden mit Kuvertüre bestreichen und diese trocknen lassen.

4 | Sahne mit Vanillezucker steif schlagen. Die Hälfte mit dem Erdbeerpüree mischen. Einen Teil davon auf den unteren Boden streichen. Den mittleren Boden auflegen, die restliche Erdbeersahne darauf verteilen. Die Erdbeerstücke darüber streuen, den Deckel aufsetzen.

5 | Die Torte rundherum mit der zurückbehaltenen Sahne bestreichen, mit den Schoko-Erdbeeren und nach Belieben mit Schokoraspeln verzieren.

1 *Die Kuvertüre im mäßig heißen Wasserbad schmelzen.*

2 *Die Erdbeerhälften ein Stück weit in die Schokolade tauchen.*

3 *Die Beeren auf Alufolie legen und die Schokolade trocknen lassen.*

49

Rezepte
VOM RÜHRKUCHEN ZUR TORTE

gut vorzubereiten

Preiselbeer- torte

FÜR 1 SPRINGFORM

➤ 2 Eier | 175 g Zucker
100 ml Öl | 100 ml Orangensaft | 100 g gem. Haselnüsse | 50 g Schokoraspel
150 g Mehl | 1/2 Päckchen
Backpulver | 12 Blatt weiße
Gelatine | 900 g Vollmilchjoghurt | 200 g Preiselbeeren aus dem Glas | 400 g
Sahne | Kakaopulver zum
Bestäuben

🕐 Zubereitung: 40 Min.
🕐 Backzeit: 30 Min.
🕐 Kühlzeit: 5 Std.
➤ Bei 12 Stück pro Stück
ca.: 405 kcal

1 | Ofen auf 200° vorheizen.
Eier mit 125 g Zucker dickcremig schlagen. Öl und Saft
zugeben. Nüsse, Schokoraspel
und Mehl mit Backpulver
rasch unterrühren.

2 | Teig in die vorbereitete
Form füllen, im Ofen (unten,
Umluft 180°) 25–30 Min.
backen und abkühlen lassen.

3 | Gelatine einweichen. Um
den Kuchen einen Tortenring
stellen. Joghurt mit Preiselbeeren glatt rühren. Die Gelatine tropfnass bei kleiner Hitze auflösen. 1–2 EL Joghurtmasse untermischen, alles in
den Joghurt rühren. Im Kühlschrank stocken lassen.

4 | Die Sahne mit dem restlichen Zucker steif schlagen
und unter die Joghurtcreme
heben. Die Masse auf den
Kuchenboden streichen und
in 5 Stunden im Kühlschrank
fest werden lassen. Die Torte
zum Servieren mit Kakaopulver bestäuben.

preiswert

Bananen- Sahnetorte

FÜR 1 SPRINGFORM

➤ 2 Eier | 125 g Zucker
100 ml Öl | 100 ml Kirschsaft | 150 g Mehl | 2 EL
Kakaopulver | 1/2 Päckchen Backpulver | 600 g
Sahne | 5 EL Kakaogetränkepulver | 3 Bananen
1 Päckchen Vanillezucker
2 EL Schokoraspel
3 EL Zitronensaft

🕐 Zubereitung: 40 Min.
🕐 Backzeit: 25 Min.
➤ Bei 12 Stück pro Stück
ca.: 340 kcal

1 | Ofen auf 200° vorheizen.
Eier mit Zucker dick-cremig
schlagen. Öl und Saft zugeben. Mehl mit Kakao und
Backpulver rasch unterrühren. Teig in die vorbereitete
Form füllen, im Ofen (unten,
Umluft 180°) 20–25 Min.
backen und abkühlen lassen.

2 | Einen Tortenring um den
Kuchen stellen. 400 g Sahne
steif schlagen, das Kakaogetränkepulver unterrühren.
2 Bananen schälen, in Scheiben schneiden und untermischen. Die Bananen-KakaoSahne auf dem Boden
verteilen.

3 | Restliche Sahne mit Vanillezucker steif schlagen und
auf der Kakaosahne verteilen.
Die Schokoraspel darüber
streuen. Die übrige Banane
schälen, in Scheiben schneiden, diese mit Zitronensaft
beträufeln und auf der Torte
verteilen. Die Torte bis zum
Servieren kühl stellen.

50   *Im Bild vorne:* **Preiselbeertorte**   *im Bild hinten:* **Bananen-Sahnetorte** ➤

Rezepte
VOM RÜHRKUCHEN ZUR TORTE

Klassiker | saftig
Schwarzwälder Kirsch

FÜR 1 SPRINGFORM

➤ 4 Eier
250 g Zucker
200 ml Öl
200 ml Orangensaft
300 g Mehl
3 EL Kakaopulver
1 Päckchen Backpulver
9 EL Kirschwasser (ersatzweise Kirschsaft) zum
Beträufeln
➤ Für die Kirschfüllung:
1 großes Glas Sauer-
kirschen (360 g netto)
1 Päckchen Tortenguss rot
2 EL Zucker
2 EL Kirschwasser
(nach Belieben)
➤ Für Sahnefüllung und
Garnitur:
600 g Sahne
3 Päckchen Vanillezucker
zartbittere Schokoraspel
zum Bestreuen

🕐 Zubereitung: 50 Min.
🕐 Backzeit: 45 Min.
🕐 Ruhezeit: 12 Std.
➤ Bei 14 Stück pro Stück
ca.: 430 kcal

1 | Den Ofen auf 200° vor-
heizen. Die Eier mit dem
Zucker dick-cremig schlagen.

Öl und Orangensaft zugeben.
Das Mehl mit Kakao und
Backpulver gemischt rasch
unterrühren.

2 | Den Teig in die vorbe-
reitete Form füllen, im heißen
Ofen (unten, Umluft 180°)
40–45 Min. backen und ab-
kühlen lassen.

3 | Den Kuchen zweimal quer
durchschneiden. Einen Tortenring um den untersten
Boden stellen und diesen mit
3 EL Kirschwasser beträufeln.

4 | Für die Kirschfüllung die
Sauerkirschen abtropfen lassen, dabei den Saft auffangen.
14 Kirschen zum Verzieren
beiseite stellen.

5 | Den Tortenguss mit 250 ml
aufgefangenem Kirschsaft und
dem Zucker nach Packungs-
anweisung zubereiten, die
Kirschen und das Kirschwasser untermischen. Diese Masse auf dem unteren Boden verteilen. Den mittleren Boden
auflegen und ebenfalls mit
3 EL Kirschwasser tränken.

6 | 200 g Sahne mit 1 Päck-
chen Vanillezucker steif schlagen und auf den mittleren
Boden streichen. Den Deckel
auflegen, mehrmals einstechen und mit 3 EL Kirsch-
wasser beträufeln. Die Torte
einige Stunden – am besten
über Nacht – im Kühlschrank
ruhen lassen.

7 | Den Tortenring vorsich-
tig entfernen. Die restlichen
400 g Sahne mit dem übrigen
Vanillezucker steif schlagen.
Mit zwei Drittel der Sahne
die Torte rundum bestrei-
chen. Die restliche Sahne
in einen Spritzbeutel mit
Sterntülle füllen.

8 | Den äußeren Rand der
Torte mit Schokoraspeln
bestreuen. Oben am Rand
Sahnetuffs aufspritzen und
auf jeden 1 Kirsche setzen.
Die Torte bis zum Servieren
kalt stellen.

53

Rezepte
VOM RÜHRKUCHEN ZUR TORTE

für Gourmets
Tiramisu-Torte

FÜR 1 SPRINGFORM

➤ 4 Eier
  250 g Zucker
  200 ml Öl
  200 ml Orangensaft
  3 EL Kakaopulver
  300 g Mehl
  1 Päckchen Backpulver
  750 g Mascarpone
  3 Eigelbe
  2 Päckchen Vanillezucker
  100 ml Espresso
  (ersatzweise starker
  kalter Kaffee)
  50 ml Amaretto
  Kakaopulver zum
  Bestäuben

🕐 Zubereitung: 45 Min.
🕐 Backzeit: 45 Min.
➤ Bei 14 Stück pro Stück
  ca.: 550 kcal

1 | Ofen auf 200° vorheizen.
Eier mit Zucker dick-cremig
schlagen. Öl und Saft zugeben. Mehl mit Kakao und
Backpulver rasch unterrühren. Den Teig in die vorbereitete Form füllen, im heißen
Ofen (unten, Umluft 180°)
40–45 Min. backen.

2 | Den Kuchen zweimal quer
durchschneiden. Mascarpo-
ne, Eigelbe und Vanillezucker
verrühren. Den untersten
Boden mit 5 EL Kaffee-Ama-
retto-Gemisch tränken, dünn
mit Mascarponecreme be-
streichen, den zweiten Boden
darauf legen. Auch diesen
tränken und dünn mit Creme
bestreichen. Den Deckel auflegen, mehrmals einstechen
und ebenfalls tränken.

3 | Die Torte mit der übrigen
Mascarponcreme rundum
bestreichen und kühl stellen.
Zum Servieren mit Kakao
bestäuben.

gelingt leicht
Nougat-Torte

FÜR 1 SPRINGFORM

➤ 4 Eier
  100 g Zucker
  200 ml Öl
  200 ml Milch
  200 g gem. Haselnüsse
  300 g Mehl
  1 Päckchen Backpulver
  200 g Nuss-Nougat-
  Creme
  600 g Sahne
  4 EL Kakaogetränkepulver

🕐 Zubereitung: 40 Min.
🕐 Backzeit: 35 Min.
➤ Bei 14 Stück pro Stück
  ca.: 510 kcal

1 | Ofen auf 200° vorheizen.
Eier mit Zucker dick-cremig
schlagen. Öl und Milch zugeben. Nüsse sowie das Mehl
mit dem Backpulver rasch
unterrühren. Teig in die
vorbereitete Form füllen,
im Ofen (unten, Umluft
180°) 30–35 Min. backen.

2 | Den Kuchen zweimal quer
durchschneiden. Die Nougat-
creme erwärmen und den
unteren Boden mit einem
Drittel davon bestreichen,
den mittleren Boden auflegen.

3 | Die Sahne steif schlagen
und 5 EL davon in einen
Spritzbeutel mit Sterntülle
füllen. In die restliche Sahne
das Kakaogetränkepulver ein-
rühren. Den mittleren Boden
mit einem Teil der Schokosahne bestreichen. Den Deckel aufsetzen und mit einem
weiteren Drittel der Nougat-
creme bestreichen. Die Torte
mit Schokosahne bestreichen,
mit Sahnetuffs und mit Nou-
gatcreme verzieren.

◀ *Im Bild vorne:* **Tiramisu-Torte**   *im Bild hinten:* **Nougat-Torte**

Rezepte
VOM RÜHRKUCHEN ZUR TORTE

aromatisch | fürs Büfett
Marzipantorte

FÜR 1 SPRINGFORM

- 200 g Walnüsse | 4 Eier
  100 g Zucker | 200 ml Öl
  200 ml Orangensaft
  300 g Mehl | 1 Päckchen
  Backpulver | 4 EL Holundergelee | 600 g Sahne
  2 Msp. Zimtpulver
  400 g Marzipanrohmasse
  100 g Puderzucker
  1 TL Rum (nach Belieben)
  Zimt-, Kakaopulver, Puderzucker zum Bestäuben

- Zubereitung: 60 Min.
- Backzeit: 50 Min.
- Bei 14 Stück pro Stück ca.: 595 kcal

1 | Ofen auf 200° vorheizen. Walnüsse mahlen. Eier mit Zucker dick-cremig schlagen. Öl, Saft, Nüsse und Mehl mit Backpulver unterrühren. Teig in die vorbereitete Form füllen, im Ofen (unten, Umluft 180°) 45–50 Min. backen.

2 | Den abgekühlten Kuchen zweimal quer durchschneiden. Unteren Boden mit Gelee bestreichen, mittleren Boden auflegen. Sahne mit Zimt steif schlagen, auf den Boden streichen.

3 | Marzipan mit Puderzucker und Rum verkneten, jeweils die Hälfte zwischen Frischhaltefolie in Springformgröße ausrollen. Eine Platte auf die Sahneschicht setzen. Den Deckel auflegen, mit Sahne bestreichen, die zweite Marzipanplatte auflegen. Tortenrand mit Zimtsahne bestreichen. Mit der restlichen Sahne rundum kleine Tuffs aufspritzen. Mit Zimt, Kakao und Puderzucker besieben.

Klassiker | für Festtage
Frankfurter Kranz

FÜR 1 KRANZFORM

- 4 Eier | 250 g Zucker
  200 ml Öl | 200 ml Orangensaft | 300 g Mehl
  1 Päckchen Backpulver
  1 Packung Vanillepuddingpulver | 1/2 l Milch
  250 g zimmerwarme Butter
  100 g Puderzucker
  5 EL Erdbeermarmelade
  150 g Haselnusskrokant

- Zubereitung: 60 Min.
- Backzeit: 45 Min.
- Bei 15 Stück pro Stück ca.: 545 kcal

1 | Ofen auf 200° vorheizen. Eier mit Zucker dick-cremig schlagen. Öl, Saft und Mehl mit Backpulver unterrühren. Teig in die vorbereitete Form füllen, im Ofen (unten, Umluft 180°) 40–45 Min. backen.

2 | Aus Puddingpulver und Milch einen Pudding kochen, abkühlen lassen. Butter mit Puderzucker cremig schlagen. Pudding löffelweise unterschlagen. 4 EL Buttercreme in einen Spritzbeutel geben.

3 | Kuchen zweimal durchschneiden. Untersten Boden mit Marmelade bestreichen, zweiten Boden auflegen, darauf ein Drittel der Buttercreme streichen. Deckel auflegen, den Kranz rundum mit Creme bestreichen. Krokant darauf verteilen und Buttercreme-Tuffs aufspritzen.

TIPP: Die Cremetuffs nach Belieben mit geviertelten Cocktailkirschen garnieren.

Im Bild vorne: **Marzipantorte**   im Bild hinten: **Frankfurter Kranz**

Aber bitte mit Sahne!

Thema mit Variationen

Schlagsahne ist das i-Tüpfelchen auf vielen Kuchen! Doch wer hätte gedacht, dass die weiße, luftig-süße Masse so verwandlungsfähig ist? Hier stellen wir eine ganze Palette an Möglichkeiten vor, wie man Schlagsahne verfeinern, ihr ein köstliches Aroma und eine attraktive Farbe verleihen kann.

So gelingts

Nur frische, gut gekühlte Sahne verwenden! Ist die Umgebung zu warm, wird die Sahne nicht steif. Deshalb an heißen oder schwülen Tagen vor dem Schlagen auch die Rührschüssel und die Rührbesen kalt stellen.

Schlagsahne bleibt besonders lange »standhaft«, wenn pro 200 g Sahne 1 Päckchen Sahnesteif untergeschlagen wird – das empfiehlt sich vor allem für Füllungen von Sahnetorten.

Im Rezeptteil vorgestellt

Die folgenden Schlagsahnevarianten sind im Rezeptteil beschrieben. Die in der jeweiligen Zutatenliste angegebenen Mengen können nach Bedarf anteilig verändert werden:

- Pfirsichsahne, S. 40
- Mandarinensahne, S. 43
- Zitronensahne, S. 46
- Nusssahne, S. 46
- Schokosahne, S. 45
- Erdbeersahne, S. 49

Schmandsahne

passt gut zu belegten Obstböden

200 g Sahne

1 Päckchen Vanillezucker

200 g Schmand

Sahne mit Vanillezucker steif schlagen und den Schmand unterheben.

Stracciatellasahne

schmeckt zu fruchtigen Kuchen

200 g Sahne

1 Päckchen Vanillezucker

3 EL Schokoraspel

Sahne mit Vanillezucker steif schlagen und die Schokoraspel unterheben.

Zimtsahne

lecker zu Apfel- und Zwetschgenkuchen

200 g Sahne

1 Päckchen Vanillezucker

1–2 Msp. Zimtpulver

Sahne mit Vanillezucker steif schlagen, den Zimt dabei einrieseln lassen.

Theorie
ABER BITTE MIT SAHNE!

Nougatsahne

ein cremiger Genuss
200 g Sahne
2 EL weiche Nuss-Nougat-Creme

Sahne steif schlagen und die Nuss-Nougat-Creme unterrühren.

Mokkasahne

für alle, die es herbsüß mögen
200 g Sahne
1 Päckchen Vanillezucker
3 EL starker kalter Kaffee

Sahne mit Vanillezucker steif schlagen und den abgekühlten Kaffee löffelweise unterrühren.

Mandelsahne

Sahne, die »knuspert«
200 g Sahne
1 Päckchen Vanillezucker
2–3 EL Mandelblättchen

Sahne mit Vanillezucker steif schlagen und die Mandelblättchen unterheben.

Bananensahne

ideal zu einfachen Rührkuchen
1 Banane
1 EL Zitronensaft
200 g Sahne
3 EL Kakaogetränkepulver

Banane schälen, in Scheibchen schneiden und mit Zitronensaft beträufeln. Sahne steif schlagen, Kakao unterrühren, Bananen unterheben.

Orangensahne

fein zu Nuss- und Schokokuchen
200 g Sahne
1 Päckchen Vanillezucker
Saft von 1/4–1/2 Orange

Sahne mit Vanillezucker steif schlagen und den Orangensaft löffelweise unterrühren.

Himbeersahne

gelingt gut mit aufgetauten TK-Himbeeren
200 g Sahne
1 Päckchen Vanillezucker
3 EL passiertes Himbeerpüree

Sahne mit Vanillezucker steif schlagen und das Himbeerpüree unterheben.

A

Adventskuchen	31
Äpfel	
Apfelkuchen	21
Apfel-Zupfkuchen	27
Aprikosen	
Aprikosenkuchen	18
Kleckselkuchen	24

B

Backen (Theorie)	65
Backformen (Theorie)	5
Backofentemperatur	
(Theorie)	64
Bananen	
Bananenkuchen	15
Bananensahne (Extra)	59
Bananen-Sahnetorte	50
Beerenkuchen	39
Birnen	
Birnenkuchen mit Gitter	28
Erdbeer-Birnen-Kuchen	35
Gedeckter Birnenkuchen	21
Stracciatellakuchen	33
Bleche vorbereiten (Theorie)	4
Blutorangenkuchen	36
Brombeertarte	18
Buttercreme zubereiten	
(Theorie)	64
Butterkuchen	33

E

Eierlikörtorte	45
Erdbeeren	
Erdbeer-Birnen-Kuchen	35
Erdbeer-Knispeltorte	49

F

Formen vorbereiten (Theorie)	4
Frankfurter Kranz	56

G

Garprobe (Theorie)	65
Gedeckter Birnenkuchen	21
Glühweinkuchen	23
Grundrezept (Theorie)	4
Grundzutaten (Theorie)	4, 64

H

Haselnüsse	
Apfelkuchen	21
Bananenkuchen	15
Haselnuss-Sahnetorte	46
Kleckselkuchen	24
Möhrenkuchen	8
Nougat-Torte	55
Nusskuchen	7
Nusskuchen mit	
Mandarinen	43
Preiselbeertorte	50
Rotweinkuchen	12
Trio	8
Heidelbeeren	
Beerenkuchen	39
Heidelbeerkuchen	23
Stracciatellakuchen	33
Himbeeren	
Beerenkuchen	39
Himbeerkuchen	40
Himbeersahne (Extra)	59

J

Joghurt: Preiselbeer-	
torte	50
Johannisbeeren	
Johannisbeerkuchen	15
Johannisbeer-	
Rahmkuchen	27

K

Kaffeekranz	11
Kirschen	
Kirschkuchen	24
Schwarzwälder Kirsch	53
Kiwikuchen	35
Kleckselkuchen	24
Krokant: Frankfurter Kranz	56
Kuchen aufbewahren	
(Theorie)	65
Küchengeräte (Theorie)	5

M

Mandarinen	
Mandarinenkuchen	17
Nusskuchen mit	
Mandarinen	43
Schokosahnetorte	45
Mandeln	
Adventskuchen	31
Apfelkuchen	21
Birnenkuchen mit Gitter	28
Butterkuchen	33
Eierlikörtorte	45
Kaffeekranz	11
Mandelsahne (Extra)	59
Rhabarber-Mohn-Kuchen	17
Zwetschgen-Nuss-Kuchen	18
Marmorkuchen	11
Marzipan	
Brombeertarte	18
Marzipantorte	56
Mascarpone: Tiramisu-Torte	55
Mengenangaben (Theorie)	65
Mohn	
Blutorangenkuchen	36

Extra
REGISTER

Kleckselkuchen	24
Marmorkuchen	11
Mohnkuchen mit	
Pfirsichen	40
Rhabarber-Mohn-Kuchen	17
Möhrenkuchen	8
Mokkasahne (Extra)	59

N

Nougatsahne (Extra)	59
Nougat-Torte	55
Nusskuchen	7
Nusskuchen mit Mandarinen	43

O

Obst (Theorie)	65
Orangeat: Spekulatius-	
kuchen	12
Orangen	
Blutorangenkuchen	36
Orangensahne (Extra)	59

P

Pfirsiche: Mohnkuchen	
mit Pfirsichen	40
Pflaumenkuchen	39
Pistazien: Mandarinen-	
kuchen	17
Preiselbeertorte	50

R

Rationelles Arbeiten	
(Theorie)	64
Rhabarber	
Rhabarberkuchen	28
Rhabarber-Mohn-Kuchen	17
Rosinen: Marmorkuchen	11
Rotweinkuchen	12

S

Sahne schlagen (Extra)	58
Sahnefüllungen (Extra)	58
Schmandsahne (Extra)	58
Schokolade	
Birnenkuchen mit Gitter	28
Erdbeer-Knispeltorte	49
Glühweinkuchen	23
Kaffeekranz	11
Kirschkuchen	24
Nusskuchen mit	
Mandarinen	43
Rotweinkuchen	12
Schokokuchen	7
Schokosahnetorte	45
Stracciatellakuchen	33
Schwarzwälder Kirsch	53
Spekulatiuskuchen	12
Stracciatellakuchen	33
Stracciatellasahne (Extra)	58

Tiramisu-Torte	55
Trio	8

W

Walnüsse	
Marzipantorte	56
Pflaumenkuchen	39
Spekulatiuskuchen	12
Walnuss-Schnitten	31
Zwetschgen-Nuss-Kuchen	18

Z

Zimtsahne (Extra)	58
Zitronen	
Zitronenkuchen	11
Zitronen-Sahnetorte	46
Zwetschgen-Nuss-Kuchen	18

Hinweis

Die Temperaturstufen bei Gasherden variieren von Hersteller zu Hersteller. Welche Stufe Ihres Herdes der jeweils angegebenen Temperatur entspricht, entnehmen Sie bitte der Gebrauchsanweisung.

Abkürzungen

cm	=	Zentimeter
EL	=	Esslöffel
g	=	Gramm
gem.	=	gemahlene(r)
kcal	=	Kilokalorien
Min.	=	Minuten
ml	=	Milliliter
Msp.	=	Messerspitze
TL	=	Teelöffel
TK	=	Tiefkühl
unbeh.	=	unbehandelten
°	=	Grad Celsius

Zeitangaben

Die bei den Rezepten angegebene Zubereitungszeit ist die reine Arbeitszeit und setzt sich zusammen aus der benötigten Zeit für das Bereitstellen der Zutaten und Geräte, für das Erstellen des Teiges und die Fertigstellung des Kuchens. Die Back- und eventuellen Wartezeiten wurden nicht berücksichtigt!

Extra
IMPRESSUM

Die Autorin
Gina Greifenstein lebt mit ihrer Familie in der Südpfalz. Sie ist mit der Welt der Bücher wohlvertraut, denn neben ihrer Tätigkeit im Buchhandel hat sie auch das Bücherschreiben zu ihrem Beruf gemacht – sie ist Autorin von Kurzkrimis, Kinderbüchern und Kochbüchern. Mit ihrer Ausbildung zur staatlich geprüften Hauswirtschafterin lernte sie das Koch- und Küchenhandwerk von der Pike auf – neben einer guten Portion Kreativität Basis für ihre Rezepte. Die Idee für das vorliegende Buch entstand nach der Entwicklung eines einfachen und locker-leichten Marmorkuchen-Rezepts, nach dem Motto: „Mit diesem Teig ist bestimmt noch vieles mehr möglich" – Ist es auch!

Der Fotograf
Michael Brauner arbeitete nach Abschluss der Fotoschule in Berlin als Fotoassistent bei namhaften Fotografen in Frankreich und Deutschland, bevor er sich 1984 selbstständig machte. Sein individueller, atmosphärereicher Stil wird überall geschätzt: in der Werbung ebenso wie bei vielen bekannten Verlagen. In seinem Studio in Karlsruhe setzt er die Rezepte zahlreicher GU-Titel stimmungsvoll ins Bild.

Bildnachweis
FoodPhotografie Eising, Martina Gorlach: Titelfoto
Alle anderen: Michael Brauner, Karlsruhe

© 2002 Gräfe und Unzer Verlag GmbH, München

Alle Rechte vorbehalten. Nachdruck, auch auszugsweise, sowie Verbreitung durch Film, Funk, Fernsehen und Internet durch fotomechanische Wiedergabe, Tonträger und Datenverarbeitungssysteme jeglicher Art nur mit schriftlicher Genehmigung des Verlages.

Redaktionsleitung:
Birgit Rademacker
Redaktion:
Stefanie Poziombka
Lektorat: Claudia Schmidt
Korrektorat:
Susanne Elbert
Satz und Herstellung:
Verlagssatz Lingner
Layout, Typografie und Umschlaggestaltung:
Independent Medien Design, München
Herstellung:
Helmut Giersberg
Reproduktion:
Repro Schmidt, Dornbirn
Druck und Bindung:
Appl, Wemding

ISBN (10)   3-7742-4880-X
ISBN (13) 978- 3-7742-4880-9

Auflage   7. 6.
Jahr   2006 05

Das Original mit Garantie
Ihre Meinung ist uns wichtig. Deshalb möchten wir Ihre Kritik, gerne aber auch Ihr Lob erfahren. Um als führender Ratgeberverlag für Sie noch besser zu werden. Darum: Schreiben Sie uns! Wir freuen uns auf Ihre Post und wünschen Ihnen viel Spaß mit Ihrem GU-Ratgeber.

Unsere Garantie: Sollte ein GU-Ratgeber einmal einen Fehler enthalten, schicken Sie uns das Buch mit einem kleinen Hinweis und der Quittung innerhalb von sechs Monaten nach dem Kauf zurück. Wir tauschen Ihnen den GU-Ratgeber gegen einen anderen zum gleichen oder ähnlichen Thema um.

Ihr Gräfe und Unzer Verlag
Redaktion
Kochen & Verwöhnen
Postfach 86 03 25
81630 München
Fax: 089/41981-113
e-mail: leserservice@graefe-und-unzer.de

GU KÜCHENRATGEBER
Neue Rezepte für den großen Kochspaß

ISBN 3-7742-4893-1

ISBN 3-7742-4881-8

ISBN 3-7742-4884-2

ISBN 3-7742-4879-6

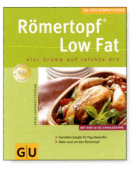

ISBN 3-7742-4885-0

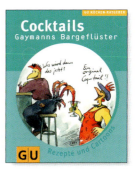

ISBN 3-7742-4896-6
64 Seiten, 7,50 € [D]

Das macht die GU Küchenratgeber zu etwas Besonderem:
- Rezepte mit maximal 10 Hauptzutaten
- Blitzrezepte in jedem Kapitel
- alle Rezepte getestet
- Geling-Garantie durch die 10 GU-Erfolgstipps

Willkommen im Leben.

Änderungen und Irrtum vorbehalten.

1. GRUNDZUTATEN

- Nur sehr frische Eier und Milchprodukte, insbesondere Sahne, verwenden.
- Gemahlen gekaufte Nüsse und Mandeln nicht zu lange lagern, sie werden schnell ranzig!

Geling-Garantie für perfekte Kuchen

4. TEMPERATUR

- Den Backofen, wenn Ober-/Unterhitze verwendet wird, rechtzeitig vorheizen – das dauert je nach Hersteller 10–20 Min.
- Bei Gasherden und auch beim Backen mit Umluft kann man auf das Vorheizen verzichten, da hier viel schneller die gewünschte Temperatur erreicht ist.

SPART ZEIT

- Böden für Torten am Abend vorher backen – das spart am nächsten Tag Arbeit, und die Kuchen lassen sich nach der Ruhezeit über Nacht viel besser durchschneiden!
- Zeit und Energie spart es auch, gleich zwei oder mehrere Kuchen nacheinander zu backen und einen Teil davon einzufrieren (s. Tipp 10).

BUTTERCREME ZUBEREITEN

- Damit Buttercreme bei der Zubereitung nicht gerinnt, sollten alle Zutaten Zimmertemperatur haben.
- Falls die Buttercreme doch einmal gerinnen sollte, kann man sie so retten: Die Creme in einen Topf geben und in einem warmen Wasserbad mit dem elektrischen Handrührgerät durchschlagen.